한눈에 쏙쏙!
마인드맵 과학

굉장한 힘과 운동

안나 클레이본 글 | 크리시 버나드 그림 | 윤여림 옮김

크래들

글쓴이 | 안나 클레이본 (Anna Claybourne)
안나 클레이본은 상어, 블랙홀 그리고 원자 분열부터 그림 그리는 방법, 셰익스피어의 삶, 그리스 신화와 전설까지 다양한 주제의 동화책을 150권 이상 집필했습니다. 또한 코스타리카의 열대우림에서 3개월 동안 봉사 활동을 했기 때문에 열대우림 보호에 대해 많은 것을 알고 있습니다. 우주를 좋아하며 취미는 바느질, 음악 감상, 트롬본 연주입니다. 또한 캠핑 가는 것을 사랑합니다.

그린이 | 크리시 버나드 (Chrissy Barnard)
어린이 책 일러스트레이터로 활동하고 있으며, 과학과 미술에 관심이 많습니다.

옮긴이 | 윤여림
한양대학교를 졸업한 후 이화여자대학교 통번역대학원에서 한불 번역을 공부했습니다. 현재 U&J번역회사에서 프랑스어와 영어 전문 통번역사로 일하고 있습니다.

한눈에 쏙쏙! 마인드맵 과학
굉장한 힘과 운동

2017년 3월 26일 1판 1쇄 발행
글 안나 클레이본 | **그림** 크리시 버나드 | **옮김** 윤여림
펴낸이 이은엽 | **펴낸곳** 크래들
주소 제주특별자치도 제주시 신대로 14길 24, 802호(연동. 드림아트빌)
출판등록 2015년 12월 24일 | **등록번호** 제2015-000031호
전화 064-747-4988 l **팩스** 064-747-4987
이메일 iobook@naver.com

책임편집 오선희 | **편집** 글씸 | **디자인** 글씸 | **캘리그라피** 임재승
ISBN 979-11-957480-8-2
ISBN 979-11-957480-5-1 74400(세트)

Mind Webs series, Forces and Motion
Text copyright © Wayland 2014
Illustrations © Wayland 2014
All rights reserved.
Korean translation copyright © 2016 Cradle Press
This Edition is published by Cradle Press
This Korean language edition is published by arrangement with Wayland,
a division of Hachette Children's Group, through Agency PK, Korea.

본 저작물의 한국어 판권은 Pauline Kim Agency를 통해 Wayland, a division of Hachette Children's Group의 독점 계약으로 도서출판 크래들에 있습니다. 한국 내에서 저작권법에 따라 보호를 받는 책이므로 무단 전재 및 무단 복제를 금합니다.
잘못 만들어진 책은 구입처에서 바꿔 드립니다.

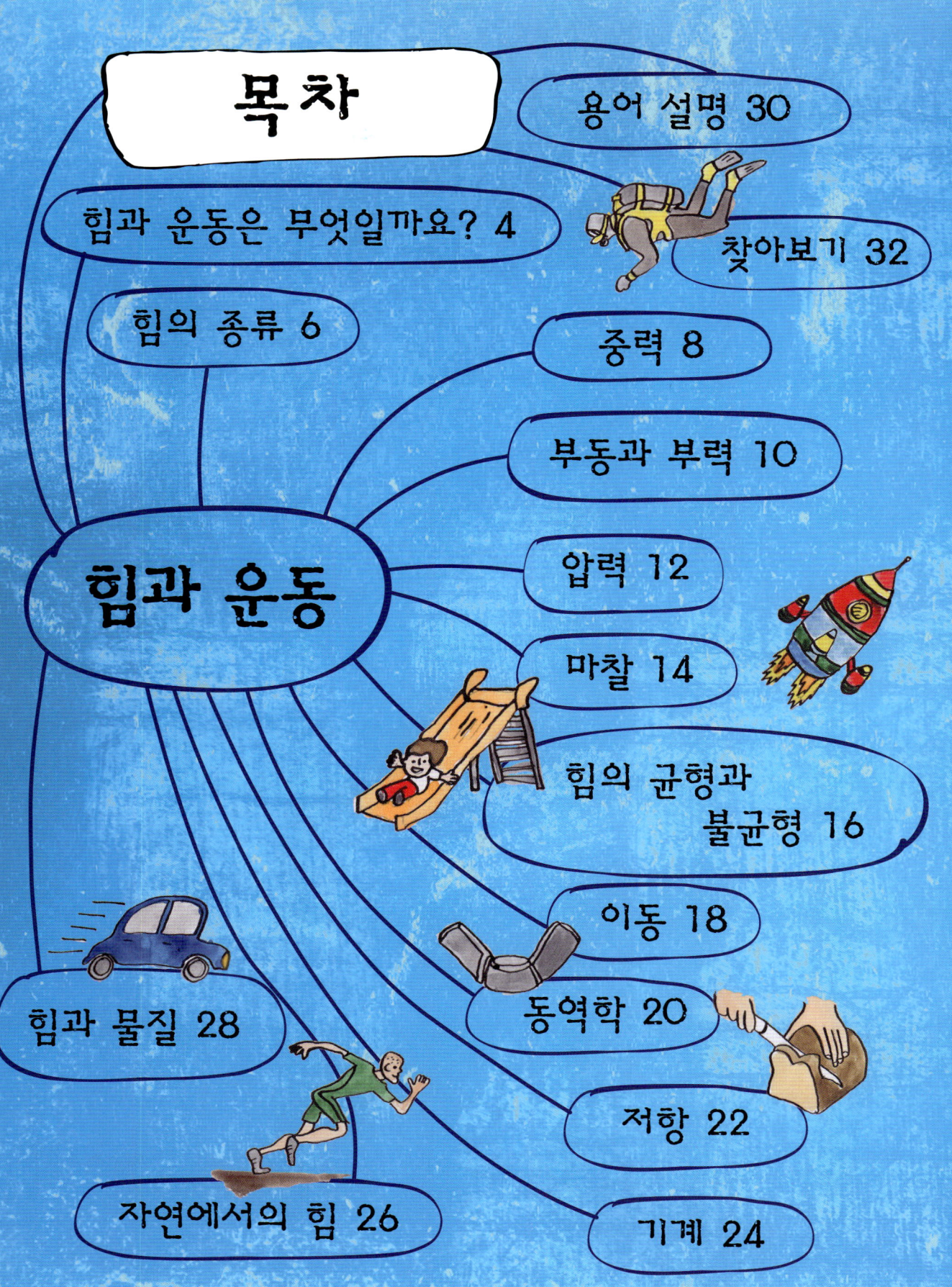

힘과 운동은 무엇일까요?

힘은 물체를 밀고 당기는 작용을 말해요. 힘을 가하면 물체는 움직이거나 멈추거나 찌그러져요. 또는 그 형태가 변하고 움직이는 방향이 바뀌기도 한답니다. 예를 들어, 우리가 공을 던지면 우리 몸속의 근육이 뼈를 잡아당겨서 팔을 움직이도록 만들어요. 그러면 팔의 움직임이 공을 밀어내서 날아가게 하는 것이죠. 공은 날아가면서 공기의 저항을 만나 속도가 느려지게 되고 중력의 힘에 의해 땅으로 잡아당겨진답니다.

우리는 주변에서 흔히 힘의 원리를 찾아볼 수 있어요. 우리가 움직이거나 무언가를 움직일 때 힘이 발생한답니다. 힘은 비행기를 하늘에 띄우고 로켓을 달로 보내기도 하며, 강물이 바다로 흘러가거나 태양의 주위를 도는 행성의 궤도를 통제하기도 해요. 그리고 우리 몸속에 있는 힘은 우리의 신체 기관과 세포들이 일하도록 만든답니다.

힘은 우리 눈에 보이기도 하고 안 보이기도 해요. 또 가까이에서 작용하기도 하고 멀리서 작용하기도 하며 강하기도 하고 약하기도 한답니다. 힘은 압력, 마찰, 중력, 자력 등 여러 가지 형태로 구분돼요.

정지 상태

물체가 움직이지 않을 때도 힘은 작용하고 있답니다. 탁자 위에 놓인 달걀을 예로 들어 볼게요. 중력은 달걀을 지구 쪽으로 잡아당기고, 반면에 탁자는 중력과 반대되는 힘으로 달걀을 밀어올려요. 이때 그 힘의 크기가 같아 서로 균형을 이루면서 달걀이 정지 상태로 있게 되는 거예요.

마인드맵은 뭘까요?

마인드맵으로 힘에 관한 많은 정보를 배울 수 있어요. 마인드맵이란 하나의 주제에 대해 마치 지도를 그리듯 한 면에 정보를 정리하는 방법이에요. 이름 그대로 생각의 지도라고 할 수 있답니다. 페이지의 한가운데에 핵심 단어를 보여 주고 그 주변으로 중요한 사실과 단어들을 보여 주지요. 여러 정보들이 서로 꼬리에 꼬리를 이으며 연결되고, 기억력을 높이기 위해 작은 크기의 그림이 함께 있어요.

마인드맵은 생각하고 학습하고 아이디어를 정리하는 데 매우 효과적이에요. 어떤 주제를 떠올리는 순간, 그것과 관련된 낱말들이 동시에 생각날 테니까요. 마인드맵은 그림을 기억하는 것과 비슷해서 뇌가 기억을 잘할 수 있도록 도와준답니다. 아래 그림은 이 책에서 다루는 힘과 운동에 관련된 주요 주제를 보여 주는 마인드맵이에요.

힘의 종류

힘은 물체를 밀고 당기는 작용을 하지만 그 작용 방법과 종류는 매우 다양하답니다. 두 물체가 닿았을 때 작용하는 힘은 접촉력이라고 해요. 예를 들어 초인종을 손가락으로 누를 때, 손으로 점토를 쥐었을 때 또는 바람에 깃발이 나부끼는 것 모두가 접촉력에 해당해요.

물체가 떨어져 있을 때도 작용하는 힘을 마당힘 또는 먼거리작용힘이라고 해요. 자력이 바로 이 방식으로 작용하는 힘이죠. 자석은 직접 닿지 않아도 금속 물체를 잡아당길 수 있어요. 중력 역시 광범위한 공간을 가로질러 힘의 작용을 발생시키는 먼거리작용힘의 또 다른 예지요.

힘 측정하기

힘은 뉴턴이라고 불리는 단위로 측정해요. 유명한 과학자 아이작 뉴턴의 이름에서 따온 것이랍니다. 큰 사과에 작용하는 중력의 크기는 1뉴턴에 해당해요. 이처럼 힘은 크기가 있고 방향도 있지요.

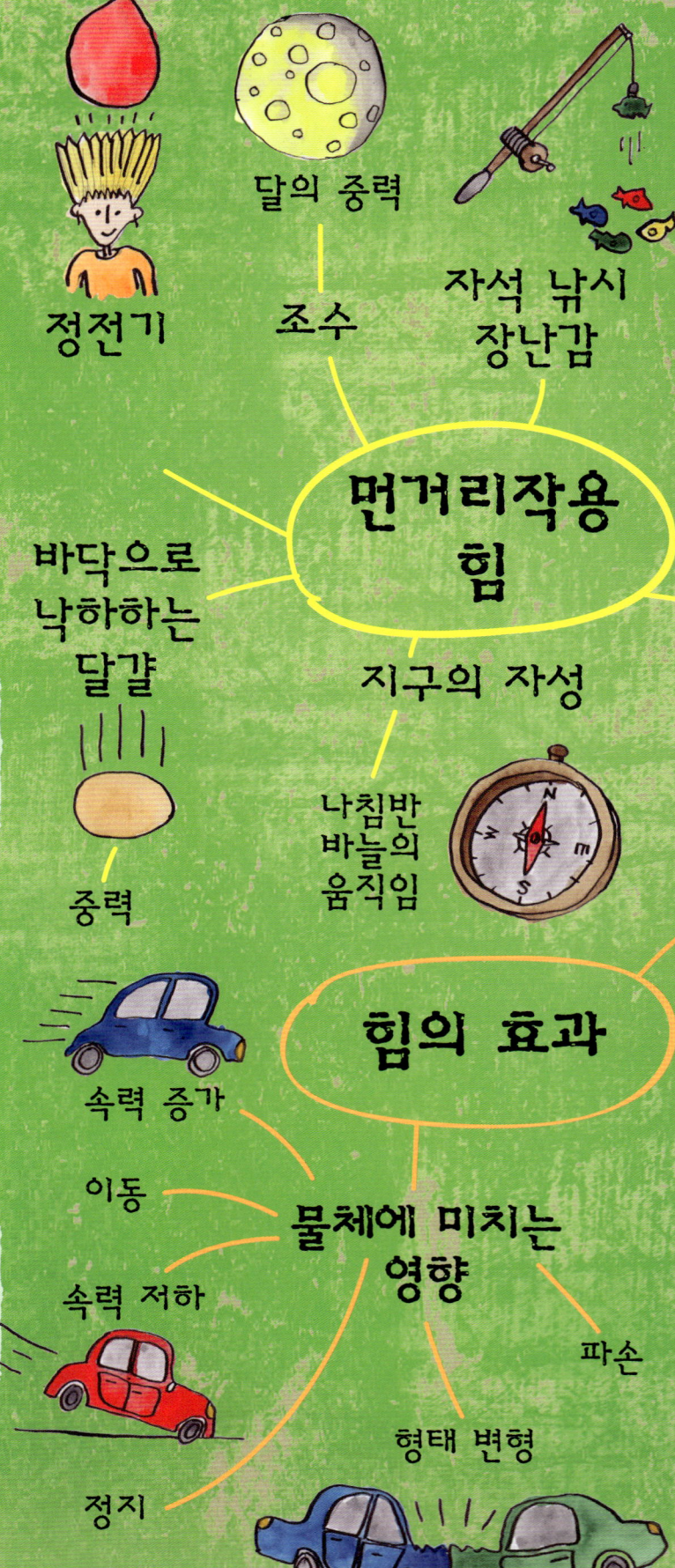

중력

물체가 서로 끌어당기는 힘을 중력이라고 해요. 물체를 구성하는 물질이 많으면 그 질량이 커져 중력의 작용을 더 많이 받게 되지요.

우리는 흔히 중력에 대해 물체를 아래로 잡아당기는 힘이라고 생각해요. 그 이유는 우리가 지구라는 아주 큰 물체 위에 살고 있기 때문이죠. 지구는 주변에서 가장 큰 물체라서 자동차, 바위, 사람 등 모든 것을 끌어당겨요. 우리가 지구 어디에 있든 중력은 우리를 지구 중심부로 끌어당긴답니다.

가까울 때와 멀 때

중력은 떨어져 있을 때도 발생해요. 하지만 두 물체가 가까울수록 물체 사이의 중력은 더 강해지죠. 그래서 우리가 낮은 벽에서 뛰어내리면 중력 때문에 더 빨리 땅에 닿게 된답니다. 하지만 만약 우리가 우주를 날고 있다면 지구 중력의 끌어당기는 힘이 점점 약해지게 되죠. 우주 정거장에 있는 우주인들이 둥둥 떠다니는 것도 이 때문이에요. 이렇게 낮은 중력을 '극미중력'이라고 한답니다.

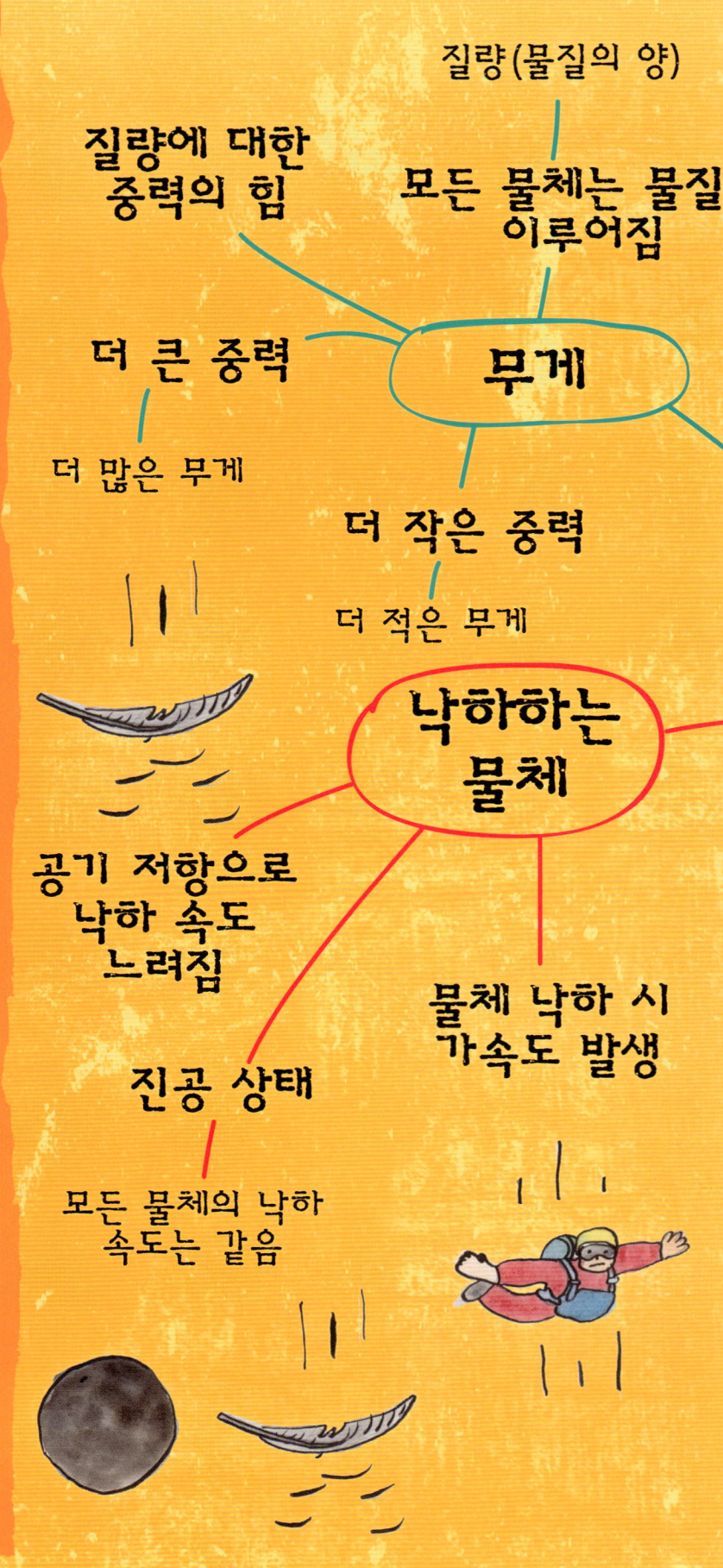

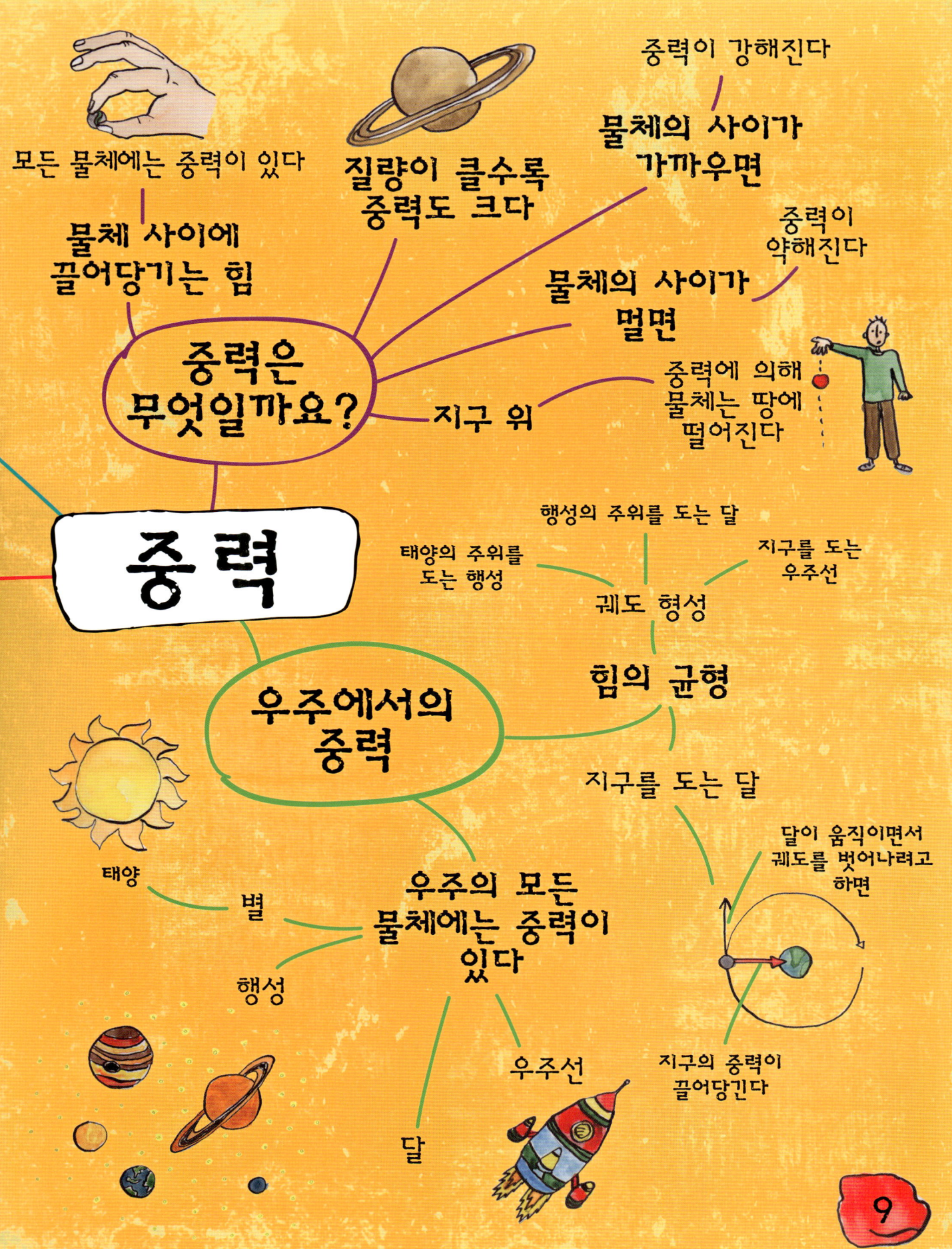

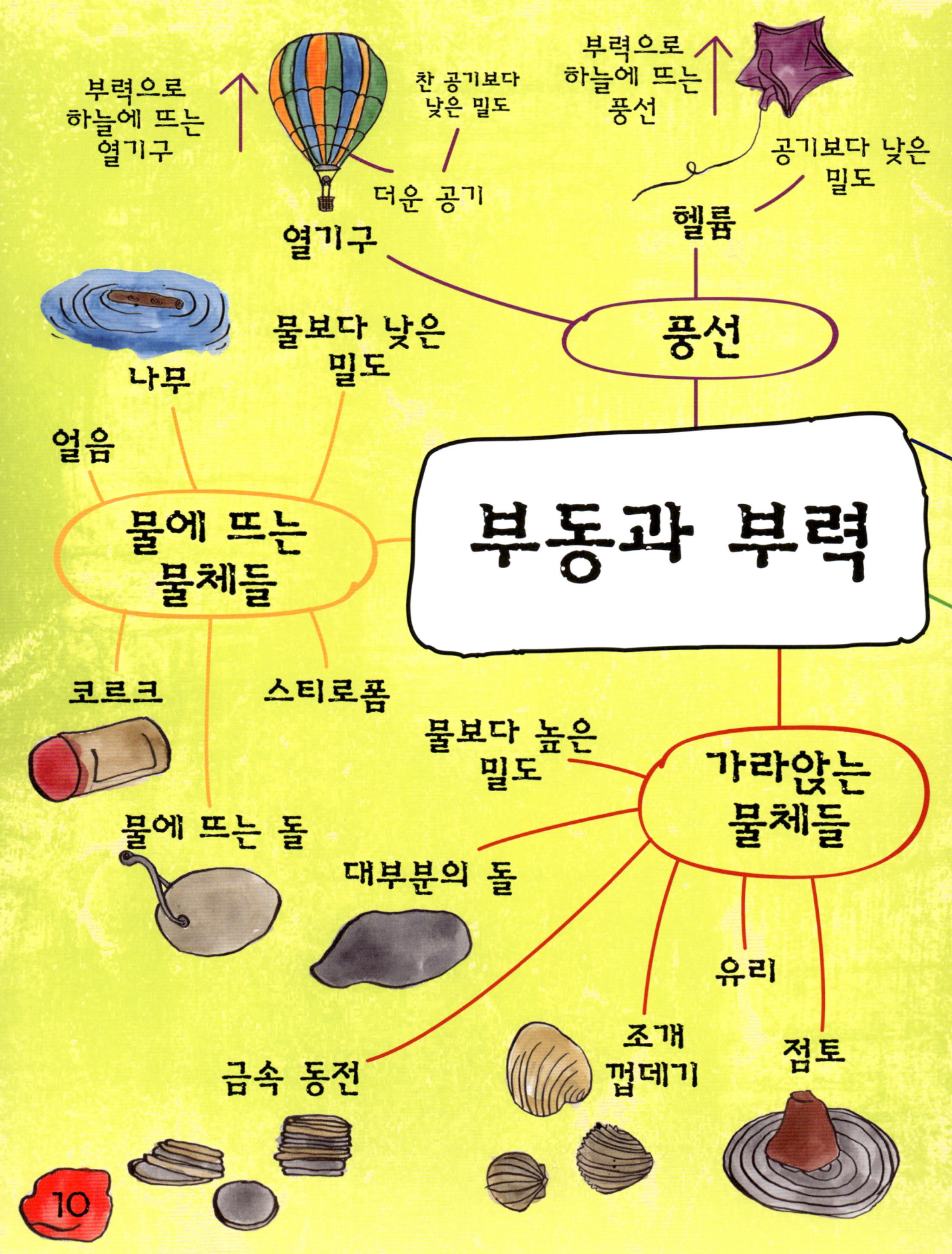

부동과 부력

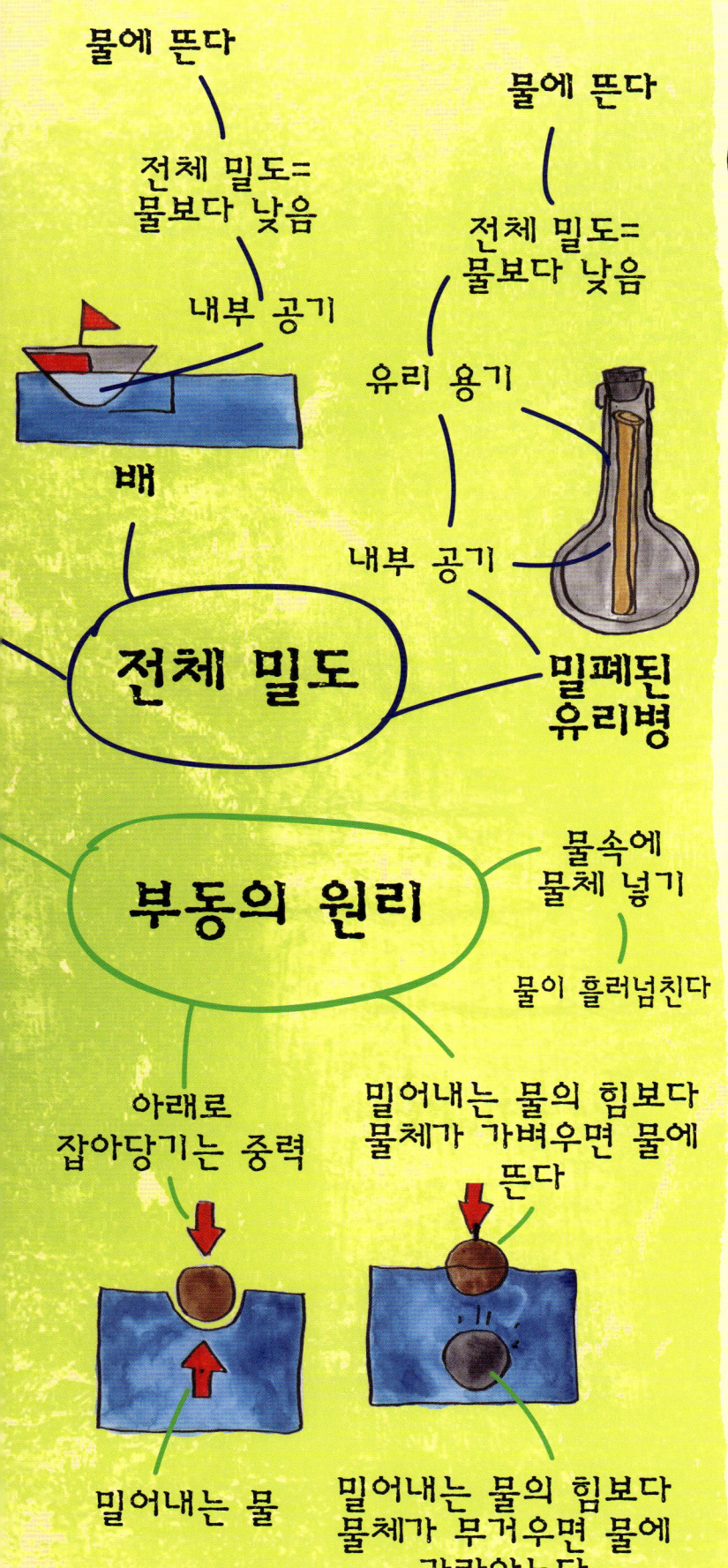

물속에 물체를 넣으면 그만큼 부피를 차지해요. 그래서 물체는 물을 밀어내거나 넘쳐흐르게 만든답니다. 이때 밀려나거나 넘쳐흐르지 않고 남은 물은 물체를 위쪽으로 밀어내는데, 이 힘을 '부력'이라고 해요.

만약 넘쳐흐른 물보다 물체가 가벼우면 부력으로 물체는 물에 떠요. 하지만 넘친 물보다 물체가 무거우면 잡아당기는 중력의 힘이 부력보다 크므로 물체는 가라앉게 된답니다.

밀도

밀도는 물체의 크기에 따른 질량을 의미해요. 물체가 물보다 밀도가 높으면 가라앉고 가벼우면 뜨게 되지요. 물체의 밀도는 내부 공기도 포함하고 있어요. 그래서 배는 금속으로 만들어졌지만 내부 공기로 인해 밀도가 변했기 때문에 물에 뜰 수 있는 거랍니다.
물체는 다른 물질 위를 떠다닐 수 있어요. 공기 중에 떠다니는 뜨거운 공기나 헬륨 풍선이 바로 그 예랍니다.

압력

물체가 서로 닿으면 압력이 작용해요. 압력은 우리 생활 속에서 항상 볼 수 있는 힘이죠. 우리가 바닥에 발을 디딘다든가 건물을 짓기 위해 벽돌을 쌓거나 종이에 연필로 선을 그리는 동작 모두에서 압력이 발생해요. 압력의 양은 미는 힘의 강도와 닿는 면에 따라서 달라져요. 압력은 힘을 면적의 크기로 나눈 값과 동일해요. 예를 들어 같은 강도의 힘으로 치즈 덩어리를 칼끝으로 누르는 경우와 평평한 자로 누르는 경우를 생각해 봐요. 자로 누를 경우 힘이 자의 면적 전체로 퍼지게 되죠. 그러면 압력도 줄어들게 된답니다. 하지만 자보다 면적이 훨씬 작은 칼끝으로 누를 경우 더 많은 압력이 생겨요. 그래서 치즈를 쉽게 자를 수 있게 되는 거랍니다.

기압과 수압

고체, 액체, 기체는 모두 압력이 있어요. 물속 깊이 들어가면 갈수록 물의 압력이 더 강해져요. 또 이미 우리가 익숙해져서 느끼지는 못하지만, 대기 중의 공기도 우리를 항상 누르고 있지요.

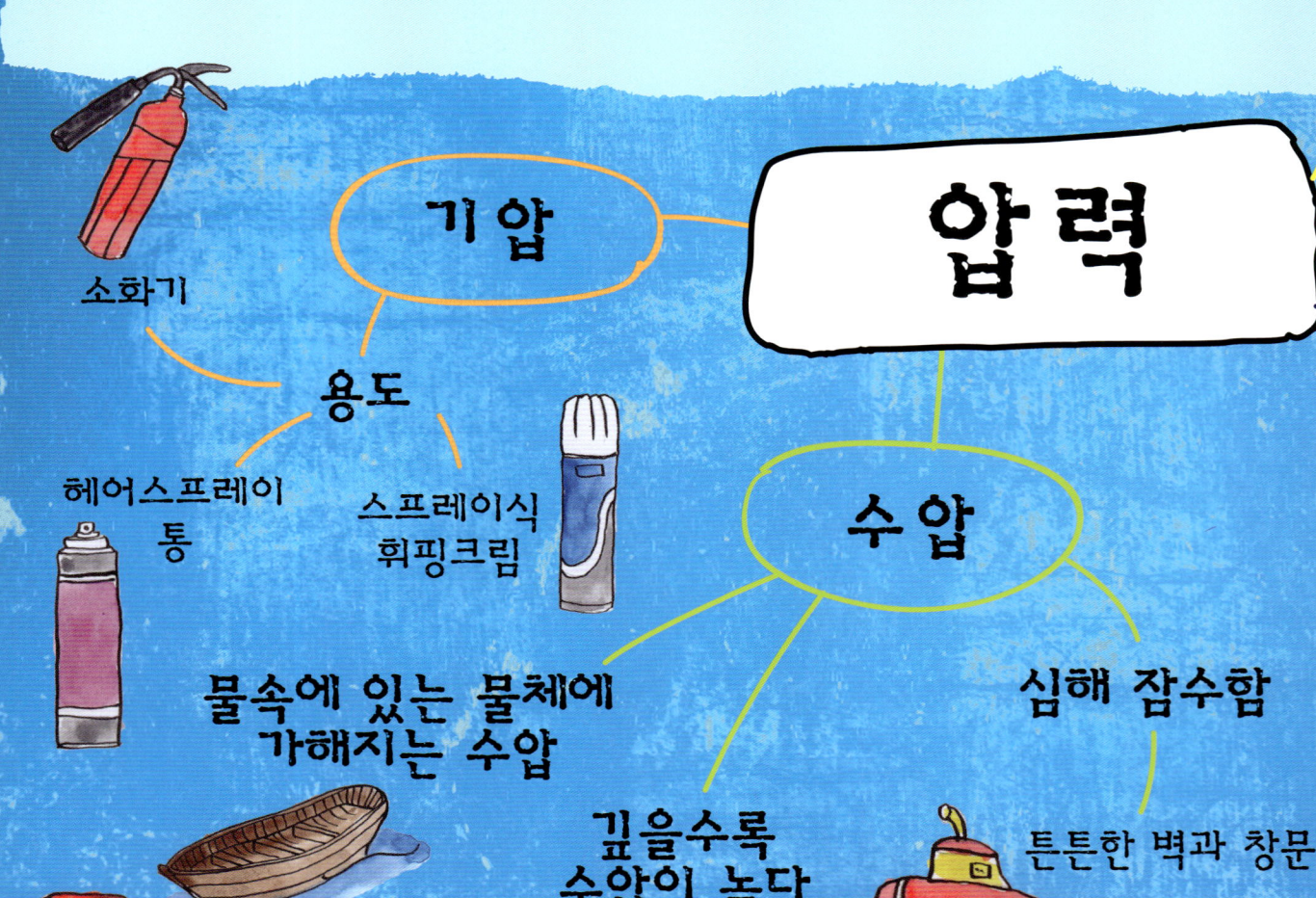

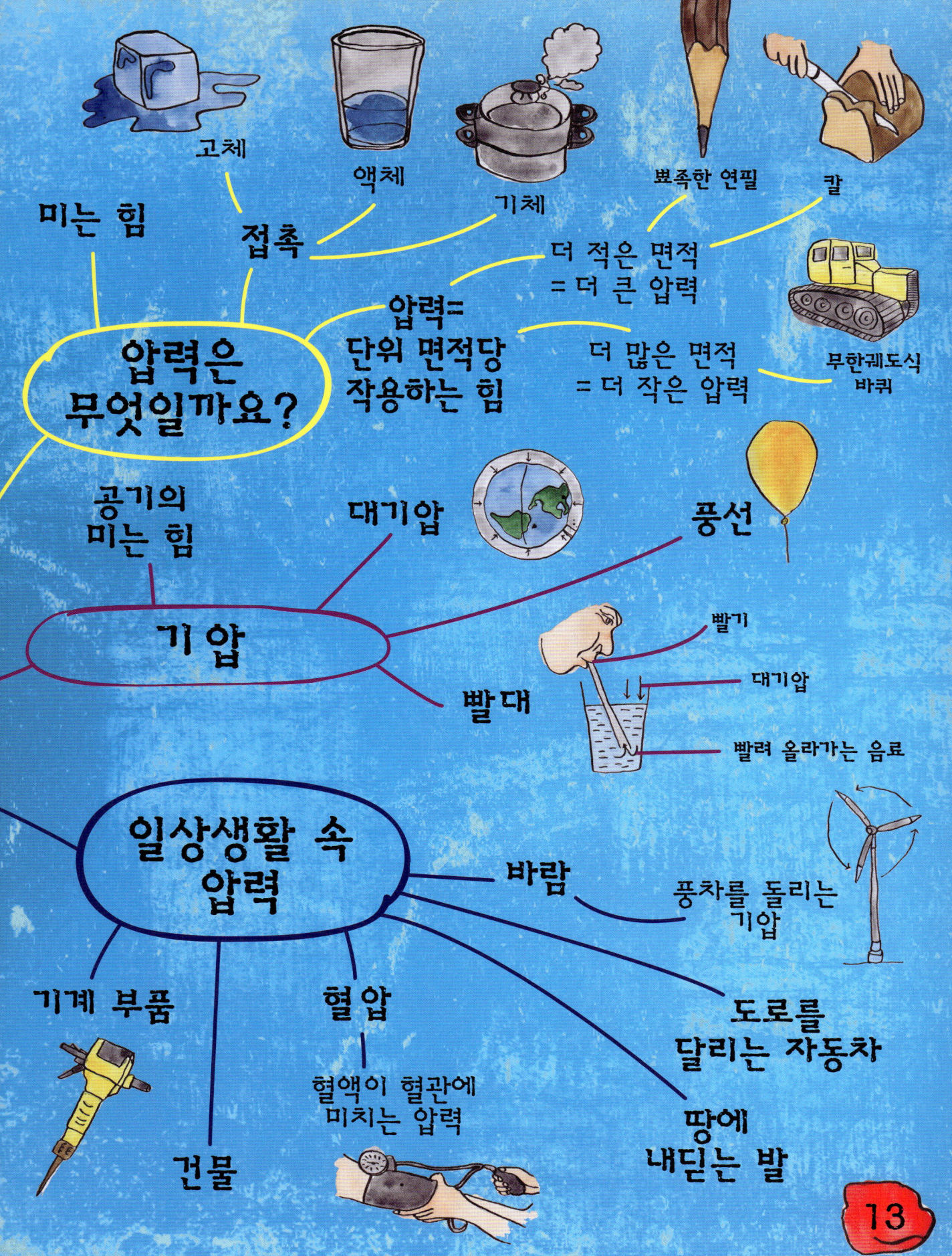

마찰

마찰은 물체가 미끄러지고 긁히고 또는 서로 문질러질 때 발생하며, 물체의 운동 속도를 줄여 줘요. 거칠거나 고무로 된 표면이 매끄러운 것보다 마찰이 더 커요. 그래서 고무창을 댄 등산화가 가파른 바위를 오를 때 좋답니다. 반면 스키는 단단하고 매끄러워 눈 위를 쉽게 미끄러질 수 있지요. 액체와 기체에도 마찰이 발생할 수 있어요. 예를 들어 로켓이 발사될 때 로켓과 주변 공기 사이에 마찰이 발생해요. 하지만 로켓이 우주에 도달하게 되면, 우주는 진공 상태이기 때문에 마찰이 사라지게 된답니다.

마찰과 열

마찰은 운동 에너지를 열로 바꾸고 물체를 따듯하게 만들어요. 그래서 추운 날 손을 비비면 따듯해지는 거랍니다.

마찰 줄이기

마찰로 인해 속도가 줄어들거나 마모가 일어날 수도 있어요. 이럴 때는 표면에 기름과 같은 미끄러운 윤활제를 바르거나 물체의 모양을 변형시키면 마찰이 줄어든답니다.

14

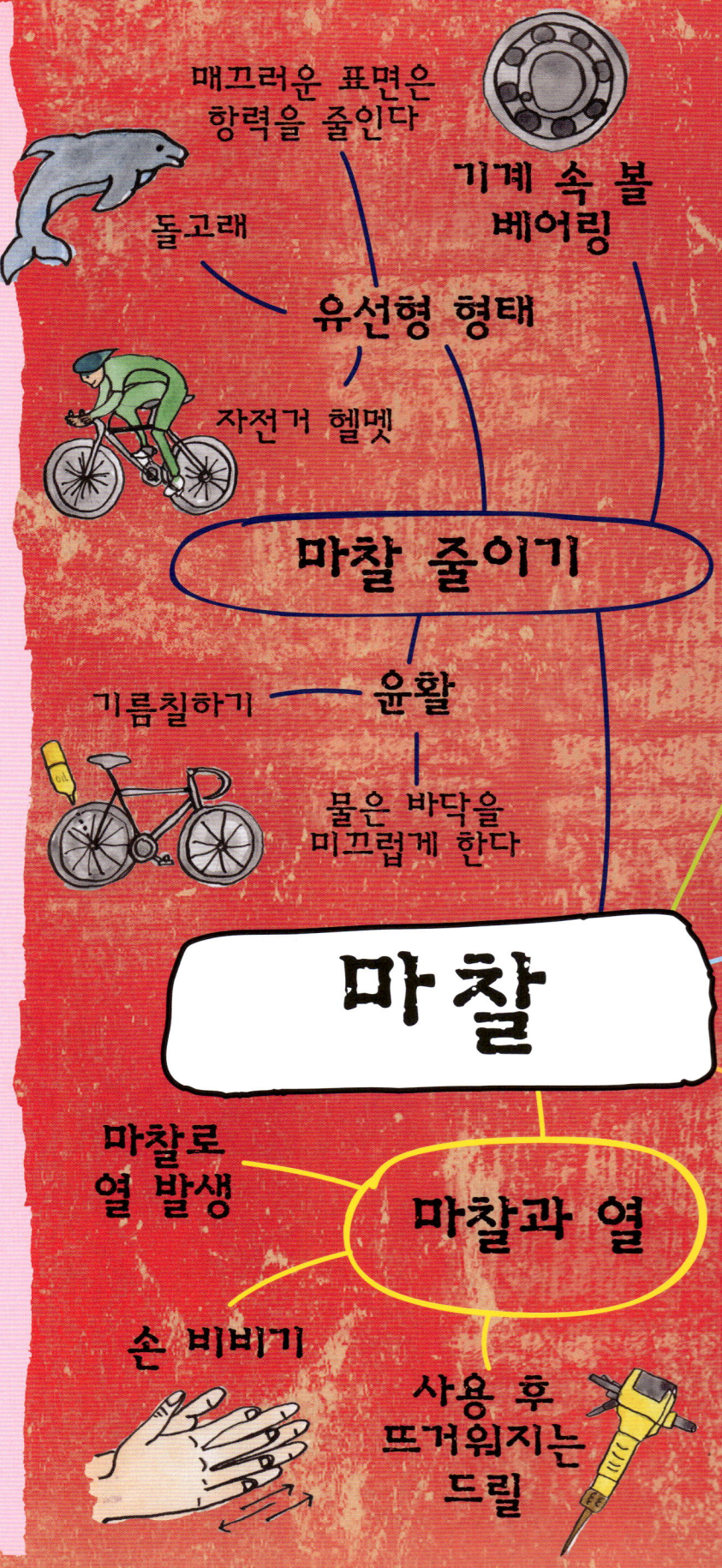

미끄럼, 긁기, 문지르기

속력 저하, 정지

문지르기

수중 이동

고체 액체

마찰은 무엇일까요?

기체

공기 중 이동

등산화

강에 의한 협곡 침식

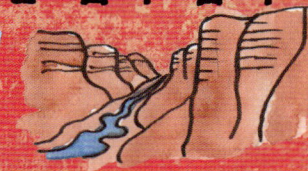

청바지 무릎 해짐
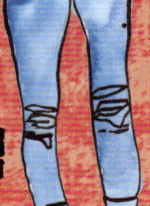

일상생활 속 마찰

노면에 생긴 타이어 자국

새 신발에 쓸린 발

항력

물체가 액체나 기체 속에서 움직일 때 발생하는 마찰

비행
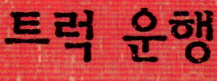

트럭 운행

물고기의 수영법

힘의 균형과 불균형

힘의 균형
- 평형을 이룬 물체: 물체에 가한 힘이 서로 균형을 이룬다
- 과자를 잡아당기는 손 — 가만히 있는 과자 — 과자를 잡아당기는 손

일상생활 속 예

스노보더
- 중력(아래)
- 부력(위)
- 바람(측면)

다리
- 자동차로부터의 압력(아래)
- 바람(측면)
- 중력(아래)

힘의 불균형

물체에 가해진 여러 가지 힘
- 합력: 물체를 움직이기 위해 합해진 힘

낙하하는 공 / 땅으로 낙하하는 공
- 항력
- 바람
- 중력

16

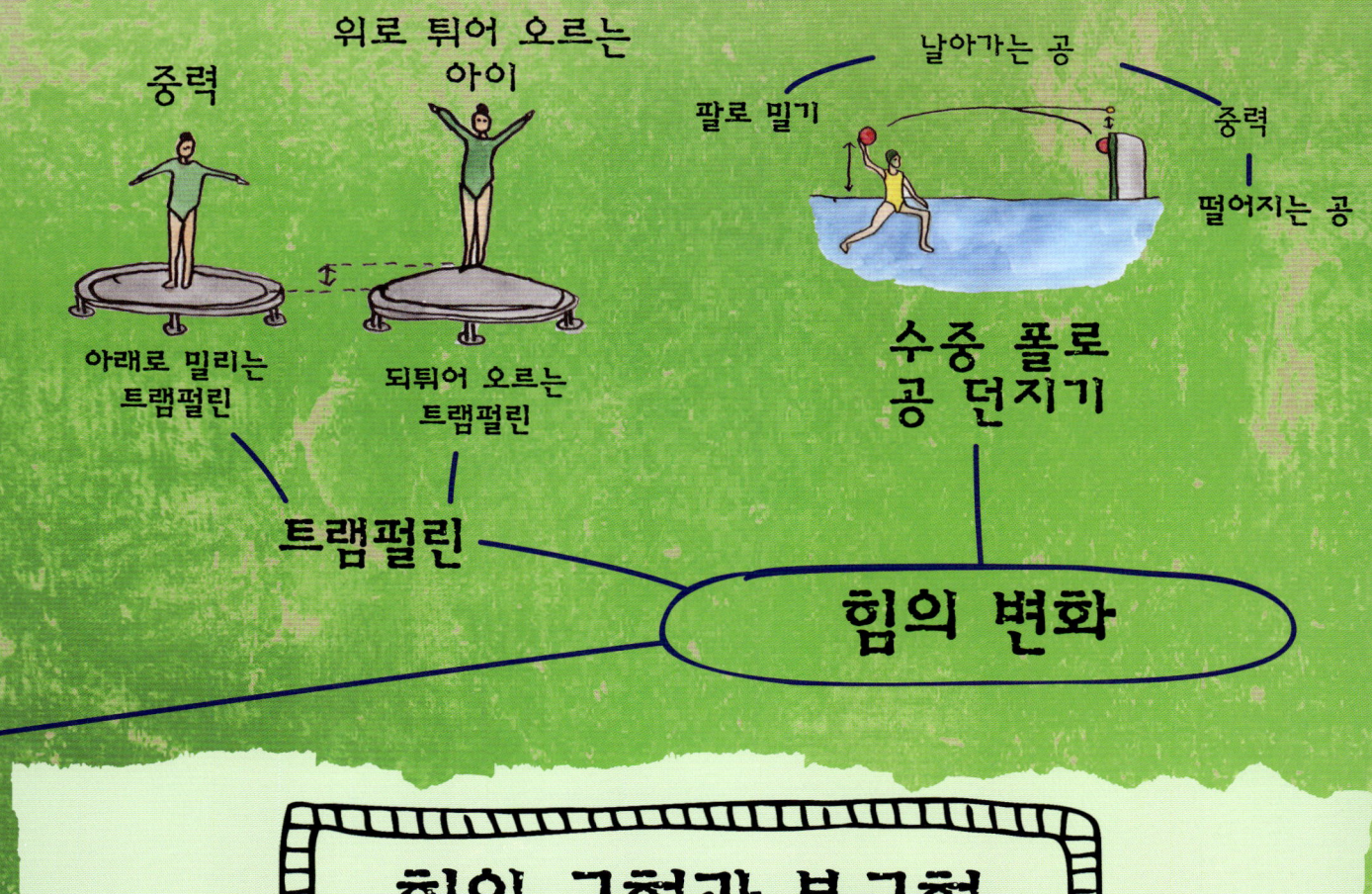

힘의 균형과 불균형

만일 물체가 움직인다면, 그건 힘에 의해 밀리거나 당겨진 것이에요. 그리고 그 힘이 물체에 가해진 다른 힘들보다 강하단 걸 의미하죠. 예를 들어 줄다리기 시합에서 양 팀은 서로 반대쪽에서 줄을 잡아당기는데, 만약 줄이 한쪽으로 움직인다면 그건 그쪽 팀이 더 강한 힘으로 잡아당겼단 뜻이죠. 만약 줄이 어느 한쪽으로 쏠리지 않는다면, 양 팀의 잡아당기는 힘이 균형을 이룬 것이고요. 줄에는 힘이 여전히 가해지고 있지만 그 강도가 같아서 양쪽의 힘이 평형을 이룬 것이랍니다. 물체에 가한 힘이 균형을 이루어 움직이지 않게 되는 것을 '평형'이라고 해요.

합력
보통 물체에는 하나의 힘만 가해지는 것이 아니에요. 예를 들어 공기 중으로 떨어지는 공에는 바람의 압력, 저항력, 중력과 같은 여러 힘들이 작용한답니다. 가해진 모든 힘의 세기와 방향이 다 합해져서 물체의 운동에 영향을 미치지요. 이것을 바로 '합력'이라고 해요.

이동

힘은 물체를 움직이게 만들어요. 힘과 마찬가지로 이동도 우리 주변에서 항상 일어나며, 모든 사물이 작동하는 데 중요한 역할을 해요. 대기 중의 공기와 물의 이동이 날씨로 나타나요. 인간은 먹고 말하고 배우고 일하기 위해서 움직여야 하지요. 우리 몸속에서도 수백만 개의 움직임이 일어나고 있어요. 기계, 자동차, 동물, 식물, 강물, 바다 등 모두가 움직이고 있답니다.

물체의 움직임이 곧 운동이에요. 물체의 운동은 변하지 않을 수도 있고 또 힘의 작용에 따라 변할 수도 있어요.

속력과 속도

속력은 물체가 이동하는 빠르기의 힘을 말해요. 시간당 이동한 거리를 비교해서 측정을 한답니다. 속도는 속력과 비슷하지만 물체가 이동한 방향도 나타낸다는 데서 차이가 있어요. 물체의 속력이 높아지는 것을 '가속'이라고 부르고 속력이 줄어드는 것은 '감속'이라고 한답니다.

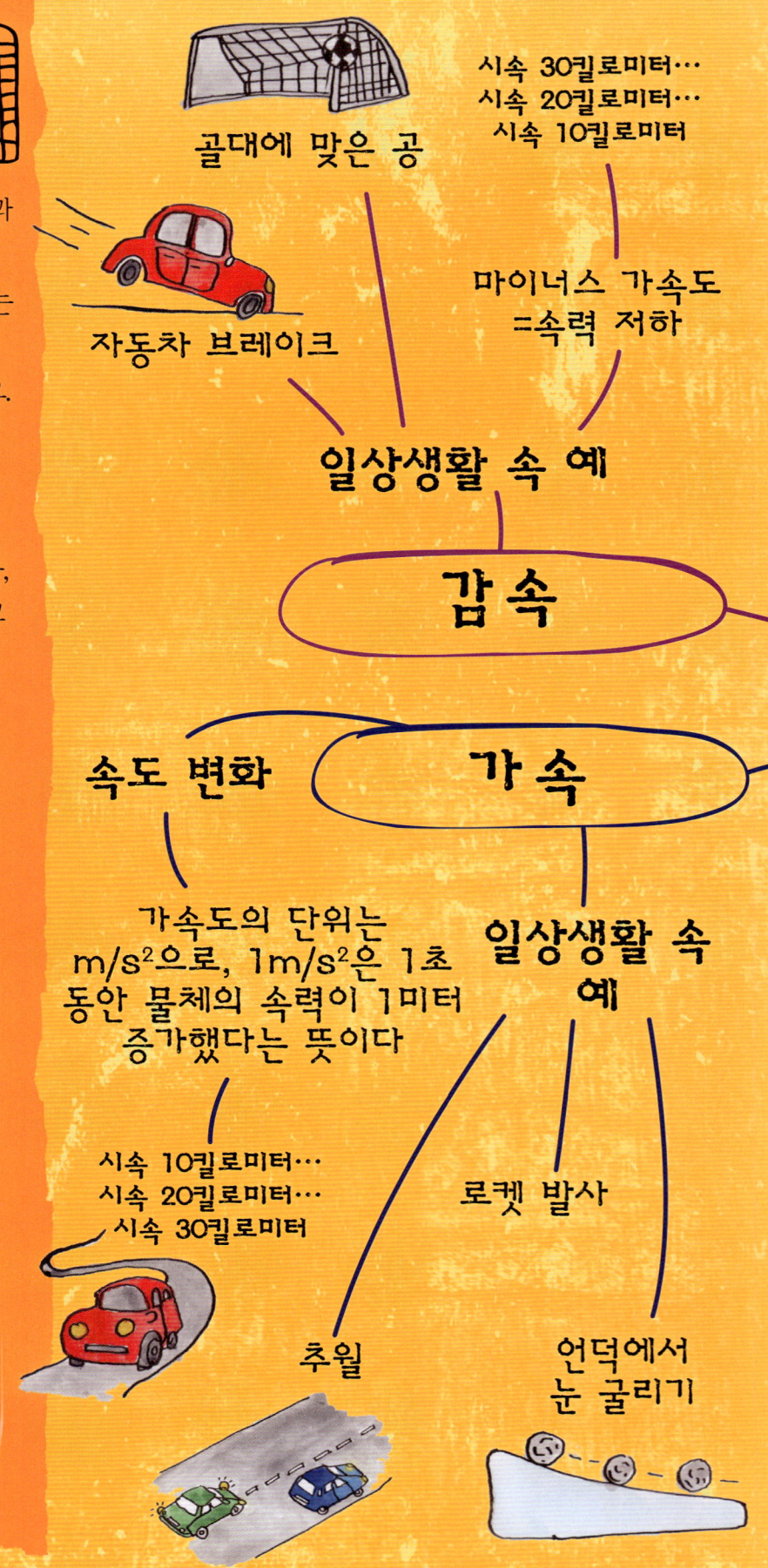

골대에 맞은 공

시속 30킬로미터…
시속 20킬로미터…
시속 10킬로미터

자동차 브레이크

마이너스 가속도
=속력 저하

일상생활 속 예

감속

속도 변화 가속

가속도의 단위는 m/s² 으로, 1m/s²은 1초 동안 물체의 속력이 1미터 증가했다는 뜻이다

일상생활 속 예

시속 10킬로미터…
시속 20킬로미터…
시속 30킬로미터

로켓 발사

추월

언덕에서 눈 굴리기

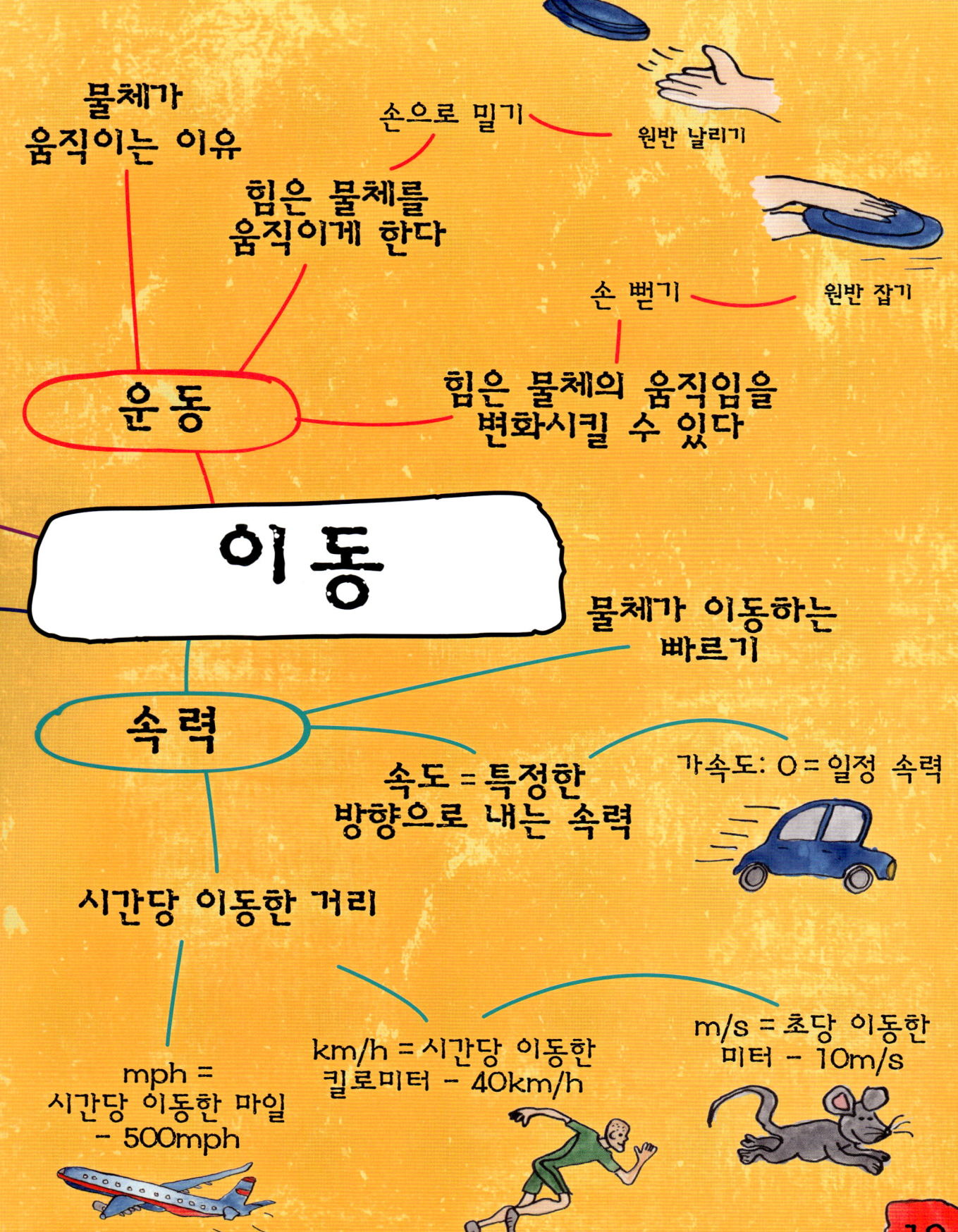

동역학

동역학은 힘이 어떻게 운동에 영향을 미치는지를 연구하는 과학이에요. 동역학의 아버지는 17~18세기에 살았던 아이작 뉴턴이란 영국의 과학자예요. 뉴턴은 중력이 어떻게 작용하는지에 대해 설명했고 빛에 대해 연구했어요. 또 세 가지 유명한 운동 법칙을 발표했답니다.

관성과 운동량

관성은 물체가 변화에 저항하는 성질이에요. 만일 물체가 움직이고 있다면, 이 물체에 힘을 가해 변화시키려고 하지 않는 한 같은 속도와 방향으로 움직이려고 할 것이고, 만일 물체가 정지해 있는 상태라면 힘을 가해 움직이게 만들지 않는 한 계속 정지된 상태로 있으려고 한답니다.

운동량은 물체가 지속적으로 움직이는 방식에 대한 값을 의미해요. 물체의 속도에 질량을 곱해서 그 값을 구할 수 있어요. 예를 들어 커다란 눈 덩어리가 빠른 속도로 언덕을 굴러 내려오고 있다면 운동량이 크며, 작은 눈 덩어리가 천천히 언덕을 내려온다면 그 운동량은 작겠지요. 한 물체가 다른 물체를 쳤을 때 총 운동량에는 변화가 없어요. 이것이 바로 '운동량 보존의 법칙'이랍니다.

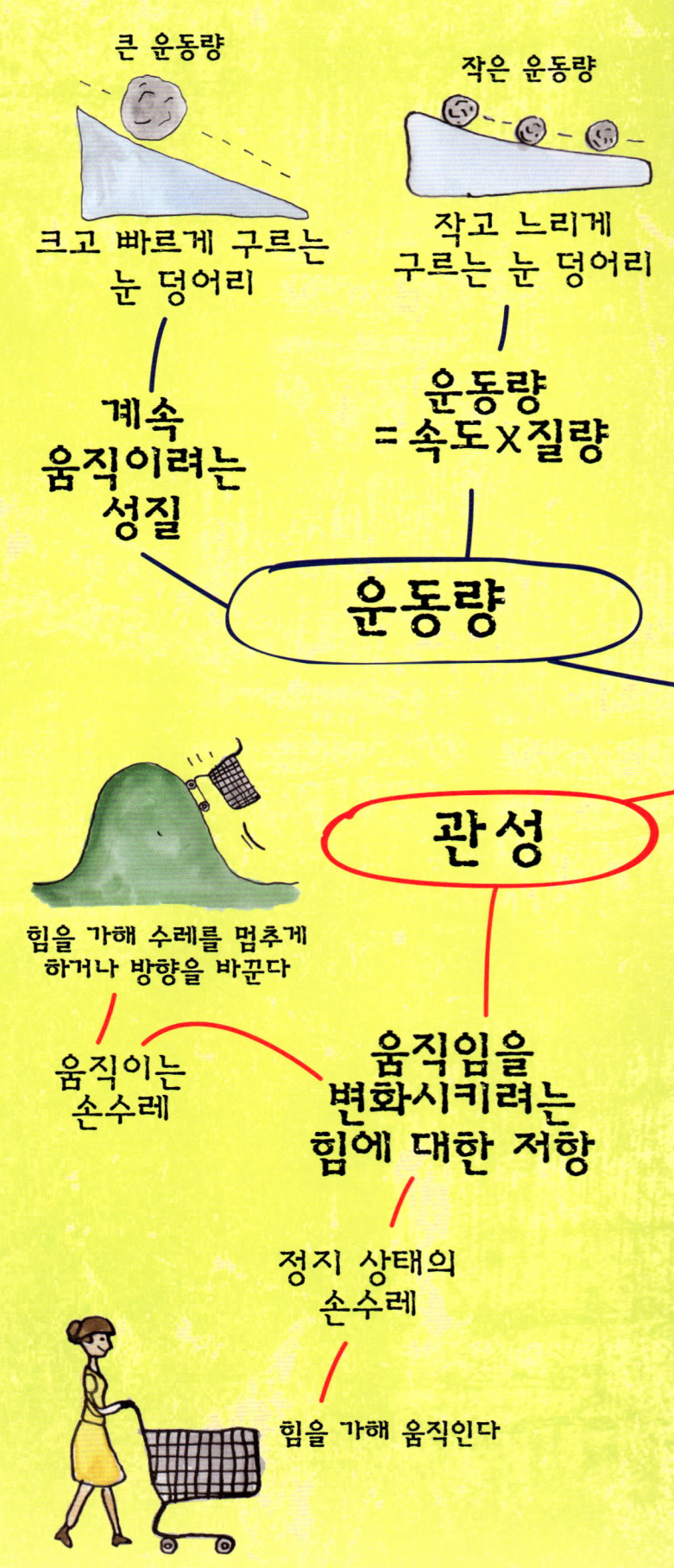

  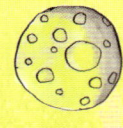 

당구 큐대로 당구공을 칠 때

지구와 달 사이의 중력

달리는 개를 멈추는 목줄

힘이 운동에 미치는 영향

일상생활 속 예

동역학은 무엇일까요?

동역학의 아버지

아이작 뉴턴 (1642~1727)

동역학

지구를 도는 달

뉴턴의 운동 법칙

1) 외부 힘을 가하지 않는 한 물체는 현재의 상태를 유지한다

탁자 위에 정지해 있는 사과

3) 물체에 어떤 힘이 가해지면 물체는 그와 똑같은 크기의 힘을 가한다

2) 작용하는 힘에 비례하여 물체의 운동이 변한다

손으로 사과를 집어 올린다

사과가 탁자를 아래로 민다

탁자가 사과를 위로 민다

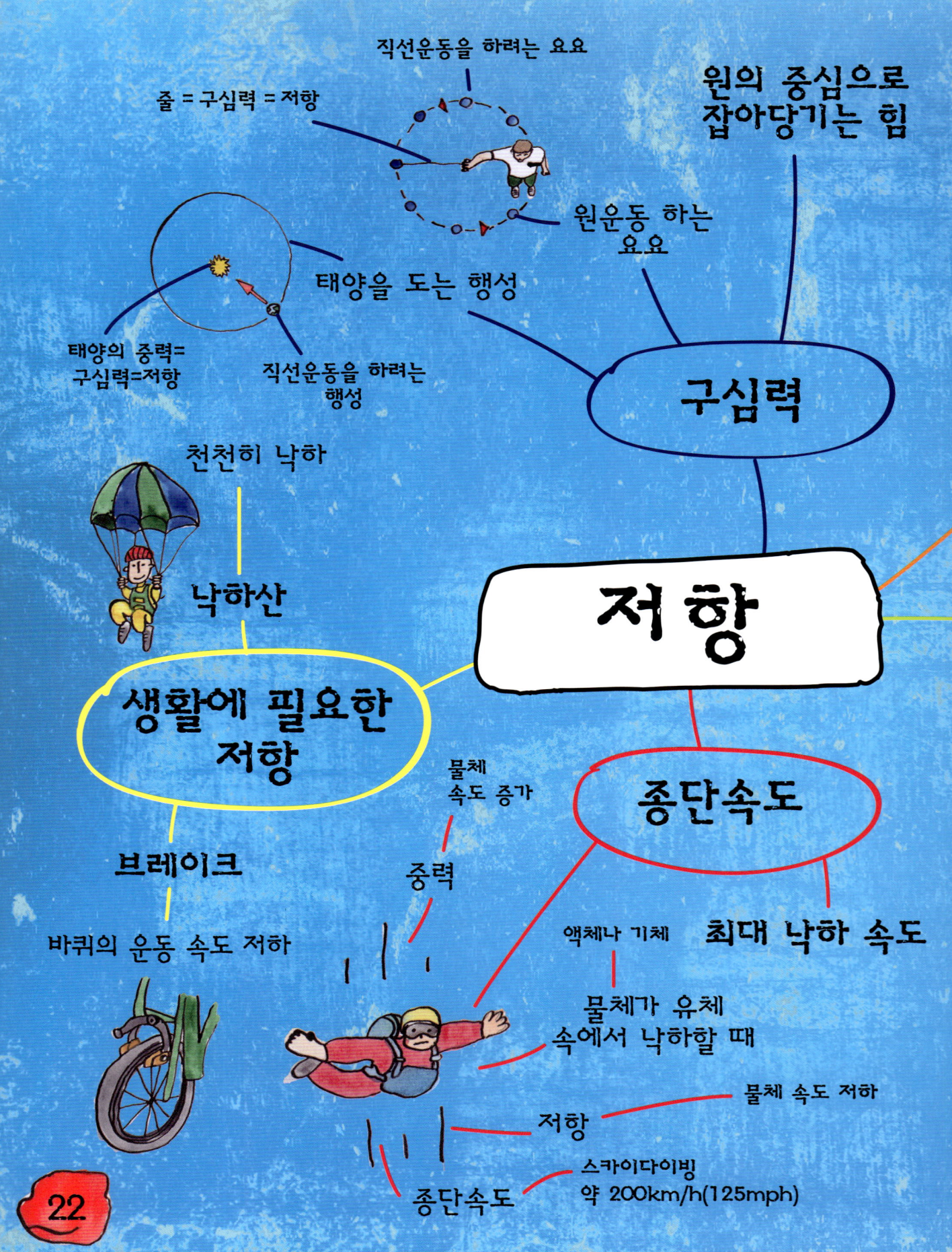

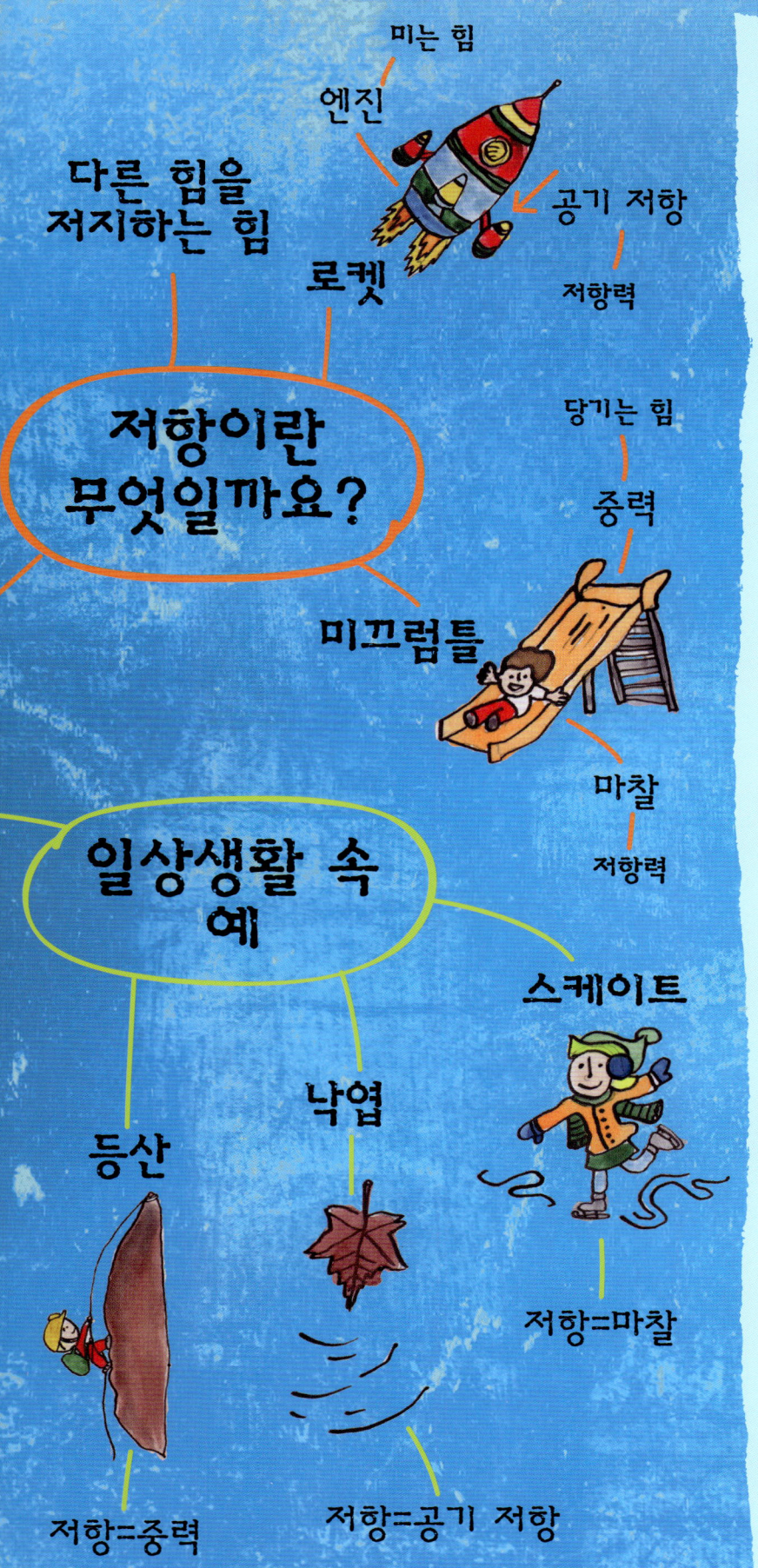

저항

물체에 힘을 가해 움직이려고 할 때, 반대 방향에서 작용하는 다른 힘을 극복해야 할 때도 있어요. 이걸 저항력이라고 해요. 예를 들어 비행기 엔진의 미는 힘은 공기와의 마찰로 인한 항력, 즉 공기 저항을 극복해야 하죠. 그렇다고 저항이 항상 문제가 되는 것은 아니에요. 때로는 유용한 면도 있는데, 낙하산을 펴면 공기 저항력이 커져서 낙하 속도를 줄여 준답니다.

종단속도
종단속도는 공기나 물속에서 떨어지는 물체가 다다를 수 있는 최종 속도예요. 낙하하는 물체는 중력의 끌어당기는 힘에 의해 속도가 빨라지며 가속도가 발생해요. 하지만 공기나 물의 저항력 때문에 그 속도가 느려지게 되는데, 두 힘이 균형을 이루게 되면 물체의 가속도가 멈추고 일정 속력에 이르게 된답니다.

구심력
구심력은 원의 중심으로 끌어당기는 힘이에요. 움직이는 물체는 직선으로 운동을 하려고 하는데 만약 구심력을 받게 되면 물체는 원을 그리며 운동을 하게 돼요.

기계

우리 생활에는 세탁기, 식기세척기, 자동차, 자전거, 크레인, 굴착기 등의 기계들이 다양한 일을 해 주고 있어요. 기계는 물체에 가하는 힘의 방식을 변형하여 쉽게 일할 수 있도록 해 준답니다. 가위, 드라이버, 집게, 저울과 같은 기본 도구들도 간단한 기계예요. 그 외에 대부분의 기계들도 간단한 부품들로 이루어져 있답니다.

하중와 작동력

바위와 같은 무거운 것을 들어 올려야 할 때 들이는 힘을 작동력이라고 해요. 이때 바위를 잡아당기고 있는 중력처럼 물체에 작용하는 힘을 하중이라고 해요. 간단한 기계를 이용하면 적은 작동력으로도 같은 결과를 낼 수 있답니다.

예를 들어 손으로 큰 바위를 들어올리기는 어렵지만 판자 밑에 벽돌을 받치는 식으로 지레를 이용하면 훨씬 쉽게 들 수 있어요. 판자의 긴 쪽을 아래로 누르면 바위가 놓여 있는 판자의 짧은 쪽이 올라가게 되어 쉽게 바위를 들 수 있답니다.

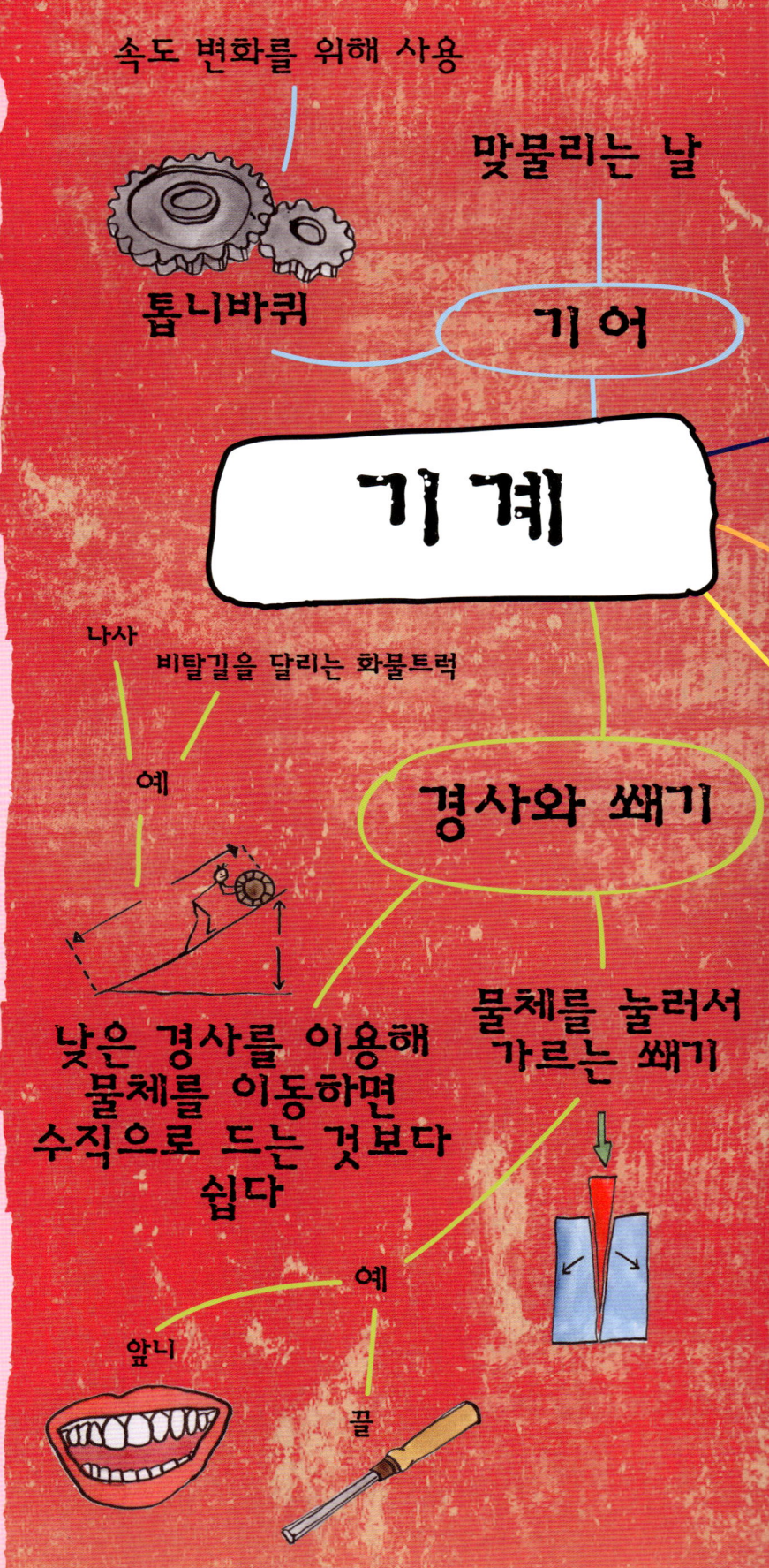

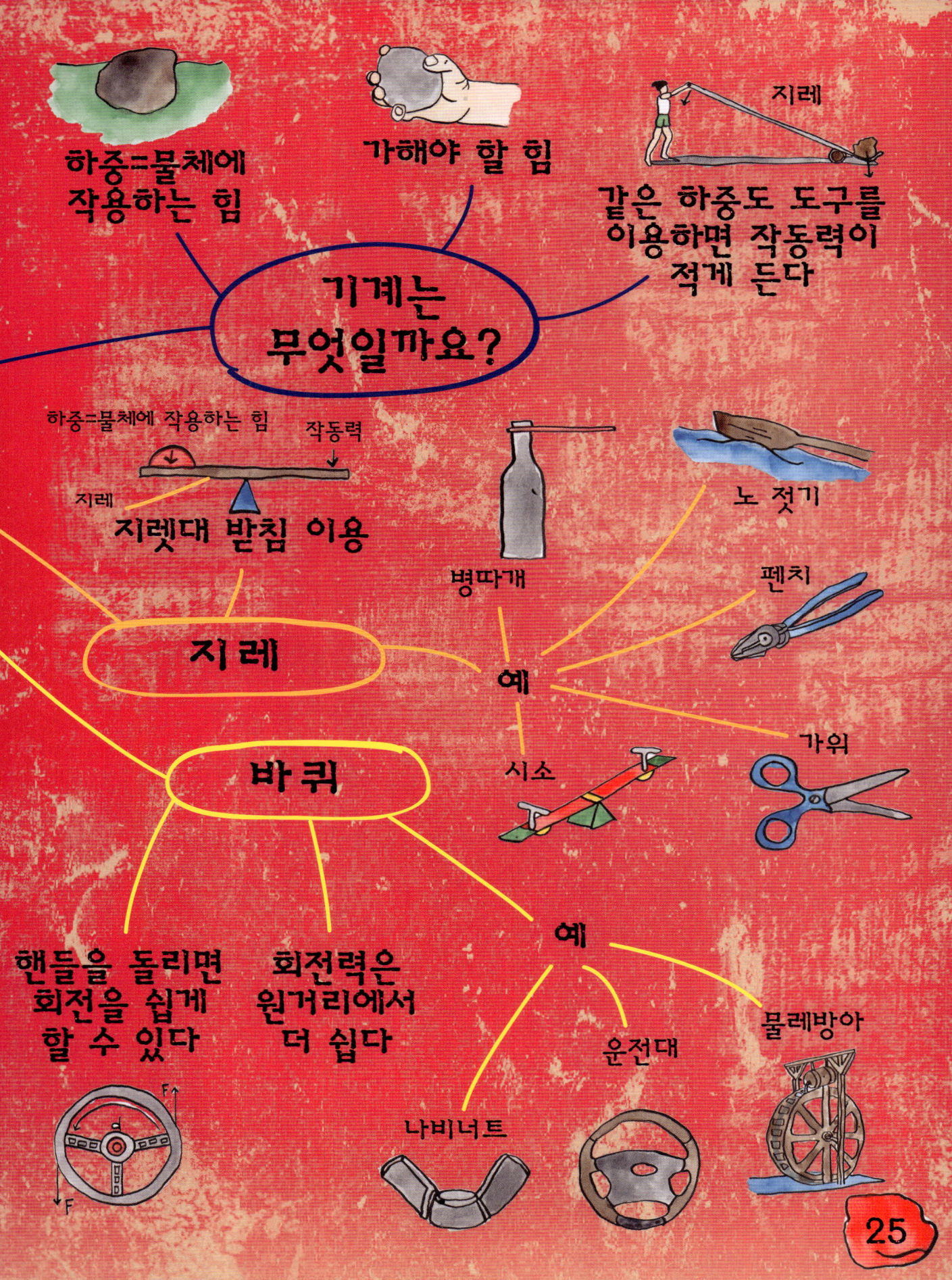

자연에서의 힘

힘은 기계, 건물, 자동차 등에 필요한 요소이자 과학 분야에서 아주 큰 부분을 차지하고 있어요. 이런 힘은 인류가 존재하기 오래전부터 있어 왔답니다. 자연에서뿐만 아니라 현대 생활 속에서도 힘의 작용을 찾아볼 수 있지요.

자연 세계

지구 내부의 힘은 지각을 밀어내서 지진을 일으키거나 산맥을 새로 만들어요. 반면, 중력은 물, 바위, 흙을 잡아당겨서 강바닥을 가르거나 언덕 꼭대기를 깎아내기도 하지요. 지구가 태양의 주위를 돌도록 만드는 힘 때문에 낮과 밤이 있고 계절의 변화가 있는 거예요. 조수 현상도 달과 지구 사이에 작용하는 중력 때문에 생겨요. 그리고 대기의 기압 변화와 중력이 날씨를 만들어 내는 거랍니다.

생명체

지구 위에는 식물, 동물, 인간이 있고 모든 생명체들은 자연의 힘에 대응하고 적응하며 살고 있어요. 식물은 중력을 감지할 수 있어서 어느 방향으로 뿌리와 줄기를 뻗어야 할지 알고, 날짐승은 중력에 저항하여 운동하는 방법을 터득해서 날 수 있는 것이지요.

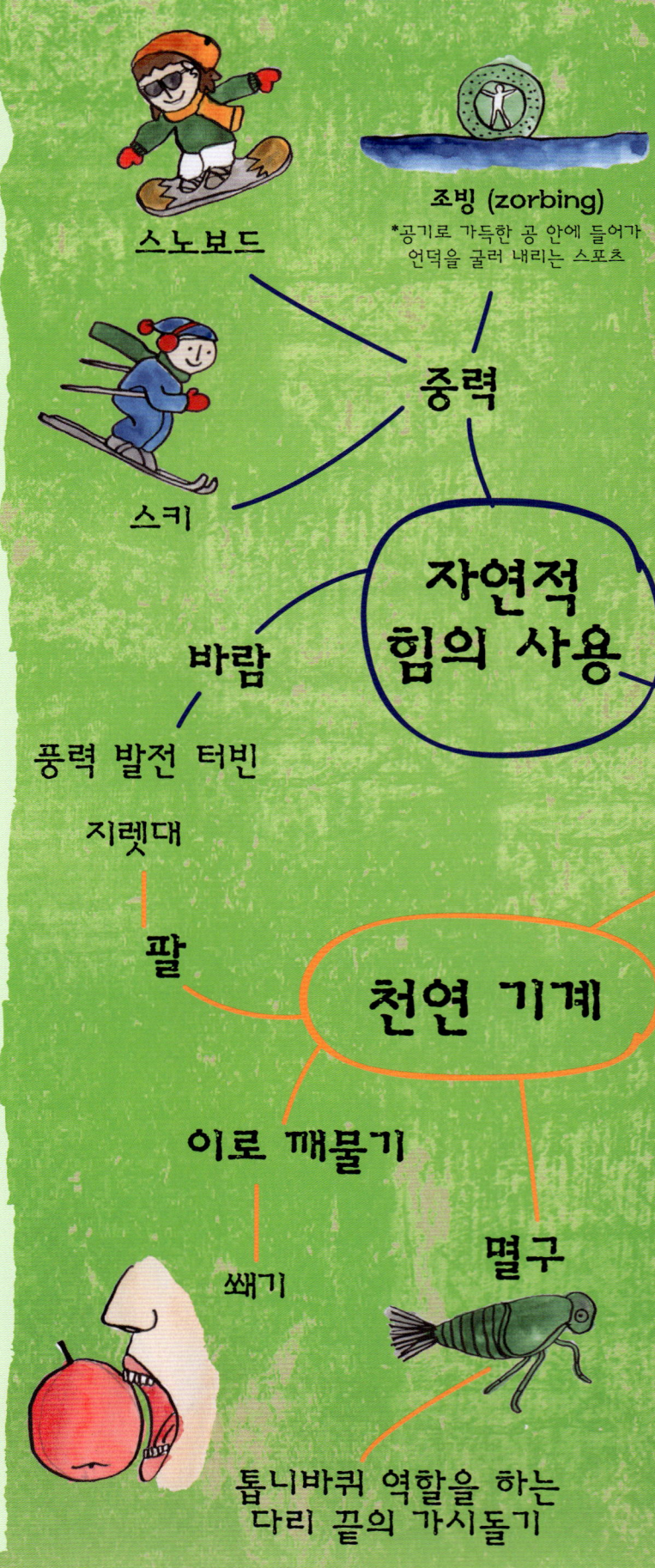

스노보드

조빙 (zorbing)
*공기로 가득한 공 안에 들어가 언덕을 굴러 내리는 스포츠

스키

중력

바람

풍력 발전 터빈

지렛대

팔

자연적 힘의 사용

천연 기계

이로 깨물기

쐐기

멸구

톱니바퀴 역할을 하는 다리 끝의 가시돌기

힘과 물질

우리 주변의 모든 것에서는 힘이 발생해요. 단 힘이 발생하려면 작용할 물질이 있어야겠지요. 물체, 액체 또는 존재하는 것들은 모두 물질로 이루어져 있어요. 물질은 물체를 구성하고 있는 재료가 되는 것을 말한답니다.
힘은 가해지는 재료의 종류에 따라 다른 효과를 낼 수 있어요. 만약 망치로 유리 꽃병을 치면 그 힘으로 꽃병을 깰 수 있답니다. 하지만 이와 똑같은 힘으로 판자를 친다면 약간의 흠집만 생길 거예요.

재료 사용

디자이너나 엔지니어들은 재료를 사용하기 위해서 재료가 얼마나 단단한지 알아야 하고 가해지는 힘에 따라 어떻게 반응할지도 알아야 해요. 예를 들어 거대한 다리를 만들려면 많은 교통량을 견딜 수 있게 하기 위해 단단하고, 중력의 힘과 바람 압력에도 끄떡하지 않을 재료를 골라야 해요. 그래서 다리는 일반적으로 단단하고 유연한 철강 같은 재료로 만들어진답니다.

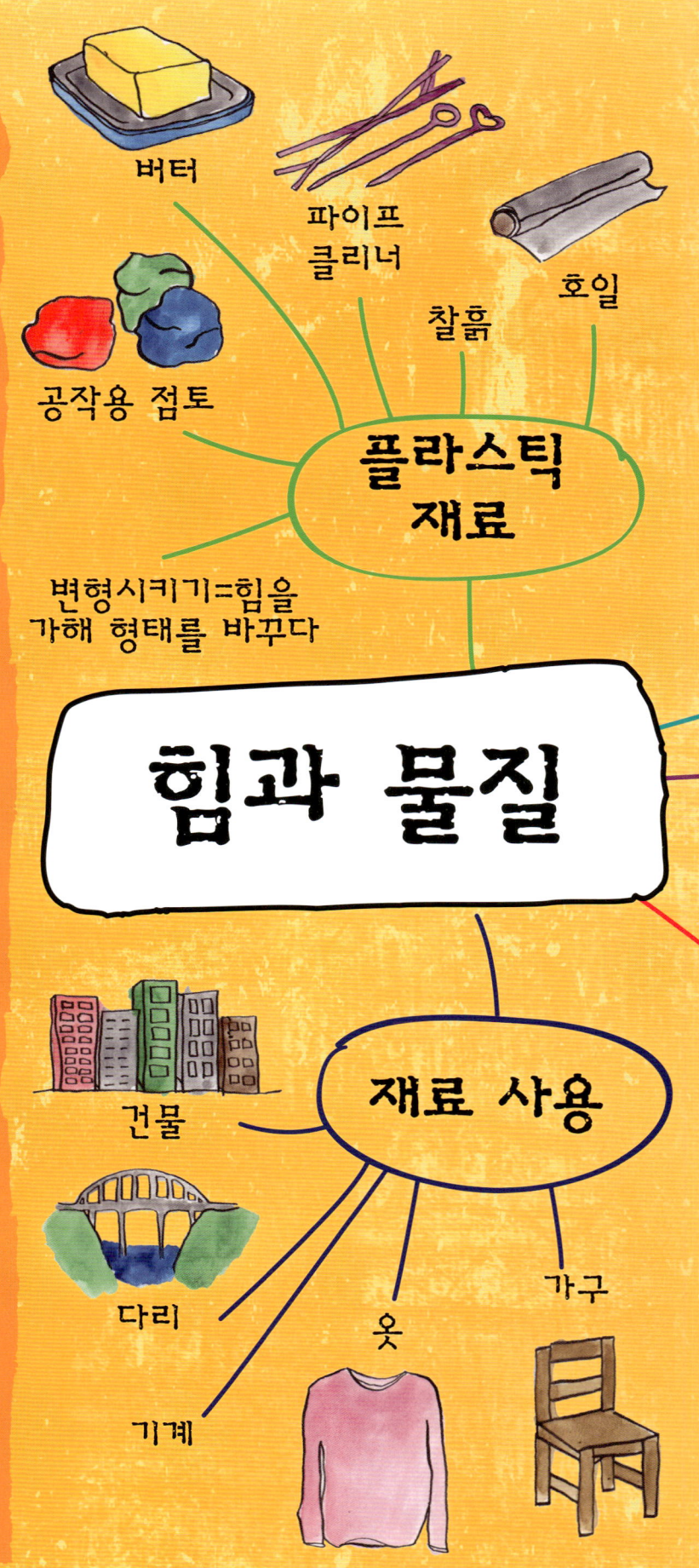

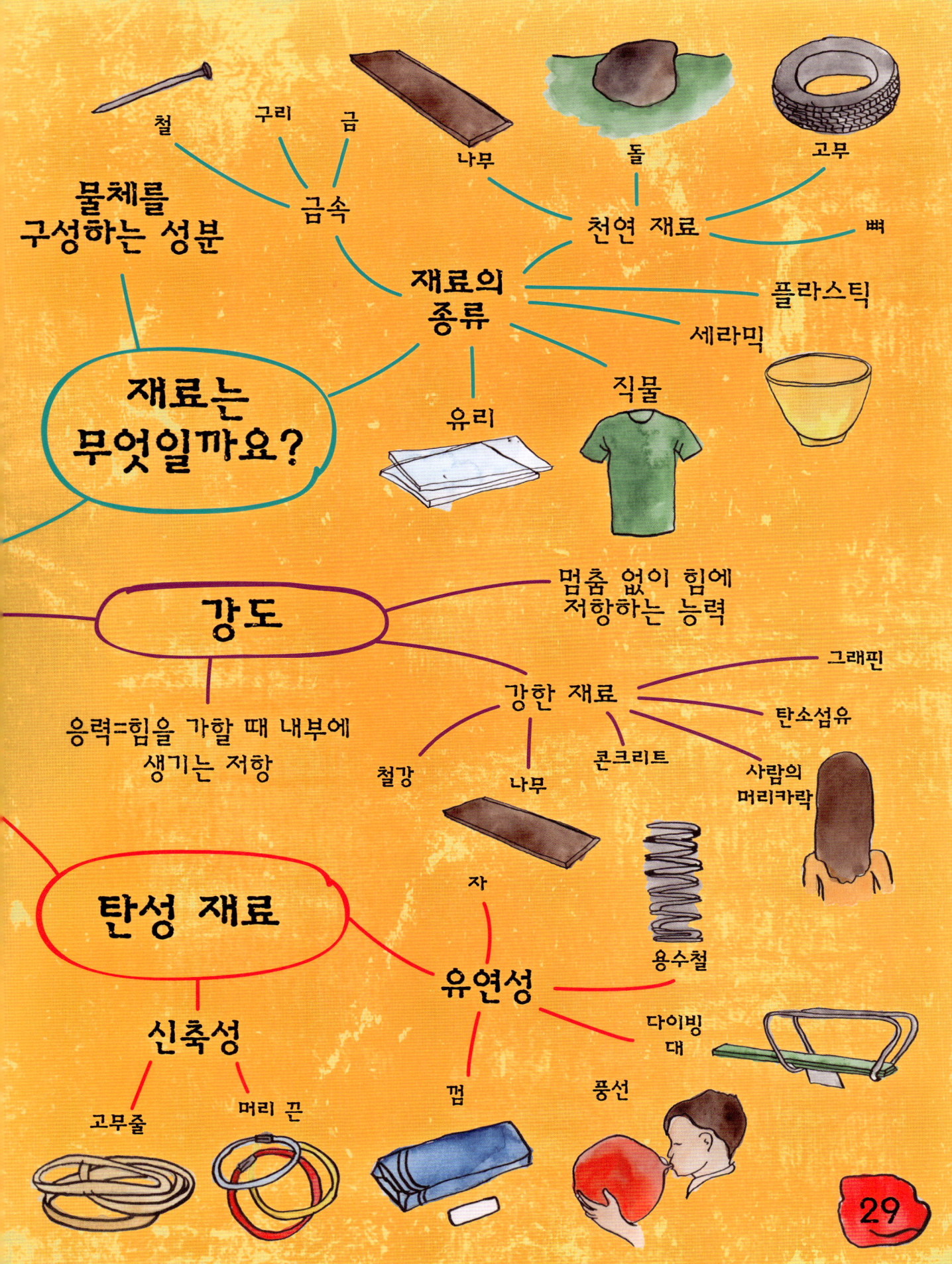

용어 설명

가속도: 속도가 빨라지는 것을 말해요.

감속: 속도가 줄어든다는 뜻이에요.

공기 저항: 공기 마찰로 인해 물체의 움직임을 저지하는 힘이에요.

관성: 물체가 변형에 저항하는 성질을 가리켜요.

구심력: 원의 중심으로 끌어당기는 힘이에요.

궤도: 우주의 물체가 다른 물체를 도는 길이에요.

극미중력: 지구에서 멀리 떨어진 곳처럼 중력이 약한 상태를 가리키는 말이에요.

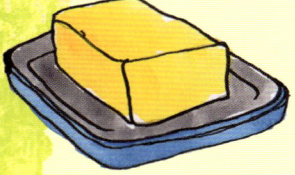

뉴턴: 힘을 측정하는 단위예요.

대기: 지구를 둘러싼 기체층이에요.

동역학: 힘이 물체의 움직임에 어떤 영향을 미치는지를 연구하는 학문이에요.

마당힘: 물체가 닿지 않고도 먼 거리에서 작용하는 힘이에요. '먼거리작용힘'이라고도 해요.

마찰: 물체가 서로 미끄러지거나 긁힐 때 생기는 힘으로 운동 속도를 줄여 줘요.

물질: 물체를 이루는 성분이지요.

밀도: 부피당 물체 질량의 밀집된 정도를 말해요.

밀어내기: 사물을 밀어내고 그 자리를 차지하는 것을 뜻해요.

부력: 액체나 기체에 놓인 물체를 밀어 올리는 힘이에요.

세포: 생명체를 이루는 작은 단위예요.

속도: 특정 방향에 대한 속력을 이르지요.

속력: 주어진 시간 내 얼마나 물체가 이동하는지에 대한 값을 말해요.

압력: 물체를 누르는 고체, 액체, 기체의 미는 힘이에요.

에너지: 일을 하게 하거나 작동시키는 힘이지요.

운동: 이동의 다른 표현이에요.

운동량: 물체가 지속적으로 움직이는 방식에 대한 값을 말해요.

운동량 보존: 충돌 전이나 후에도 총 운동량은 같아요.

윤활제: 마찰을 줄여 운동을 원활하게 하기 위해 첨가하는 물질이에요.

자력: 일부 금속류를 잡아당기는 보이지 않는 힘을 말해요.

작동력: 사물을 움직이게 만드는 힘이에요.

재료: 물체를 구성하는 물질이에요.

저항: 물체의 움직임을 저지하는 힘을 말해요.

적응: 주변 환경에 맞춰 변화하는 현상이에요.

접촉력: 물체가 다른 물체에 닿았을 때만 작용하는 힘이에요.

종단속도: 물체가 기체나 액체 속을 낙하할 때 갖는 일정한 속도를 말해요.

중력: 물체를 끌어당기는 힘이에요.

지레: 받침점을 중심으로 물체를 움직이는 막대를 말해요.

질량: 물체를 구성하는 성분의 총량을 이르지요.

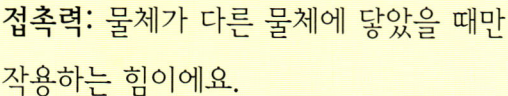

평형: 물체에 가해진 힘이 균형을 이룬 상태를 말해요.

하중: 물체를 움직이게 하기 위해 극복해야 할 힘이에요.

합력: 여러 힘이 동시에 작용할 때와 같은 효과를 나타내는 하나의 힘을 말해요.

항력: 물체가 유체 속에서 낙하할 때 그 반대 방향으로 작용하는 힘이에요.

힘: 물체의 운동, 방향, 구조를 변화시키는 요인을 말해요.

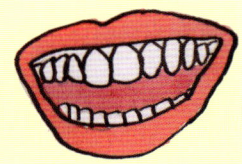

찾아보기

가속 18, 19, 30
감속 18, 30
공기 10, 11, 18
   압력 13, 26, 27
   저항 8, 23, 30
관성 20, 30
구심력 22, 23, 30
궤도 9, 22, 26, 31
극미중력 8, 30
기계 13, 14, 24~25, 28
   천연 기계 26
기어 24, 26

날씨 26
뉴턴 6, 7

다리 28
달 6, 9, 21, 26, 27
동역학 20~21, 30

마당힘, 먼거리작용힘 6, 30
마찰 7, 14~15, 23, 30
무게 8
물
   수압 7, 12
   저항 23
물질 8, 20, 28, 29, 30
밀도 11, 30
밀어내기 11, 30

부동 7, 10~11
부력 7, 10, 11, 16, 31

산맥 26
생명체 26
속도 18, 19, 20, 22, 23
속력 8, 18, 19, 23, 24, 31

아이작 뉴턴 6, 20, 21
압력 7, 12~13, 16, 17, 31
   기압 13, 26, 27
   수압 7, 12
열 14
우주 8, 9, 14
운동량 20, 30
운동량의 보존 20, 30
운동 법칙 20, 21
유선형 형태 14
윤활제 14, 30

자력 6, 7, 30
자동차 15, 16, 18
작동력 24, 25, 30
재료 28~29, 30
   부동과 가라앉기 10
저항 8, 22~23, 31
접촉력 6, 7, 30
조수 6, 26, 27
종단속도 22, 23

중력 4, 6, 8~9, 11, 16,
   17, 20, 21, 22, 23,
   26, 27, 30
지구 6, 8, 9, 21, 26, 27
지레 24, 25, 26, 30
지진 26
질량 8, 9, 20, 30

평형 16, 17, 30

하중 24, 25, 30
합력 16, 17, 31
항력 14, 15, 16, 17, 23, 30
행성 9, 22, 26
형태, 변형 6, 14, 28
힘의 균형 4, 9, 16~17, 23

'한눈에 쏙쏙! 마인드맵 과학' 시리즈

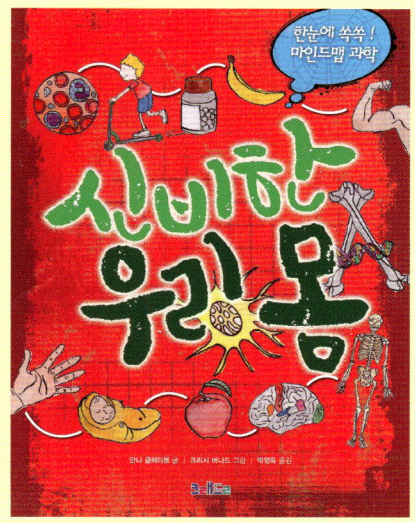
〈신비한 우리 몸〉

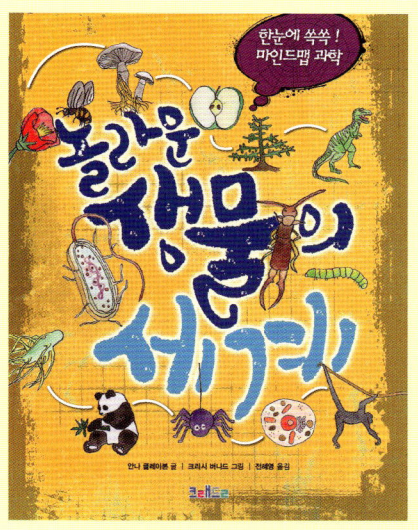
〈놀라운 생물의 세계〉

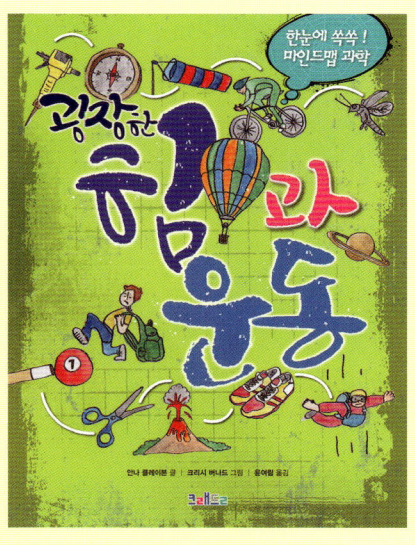
〈굉장한 힘과 운동〉

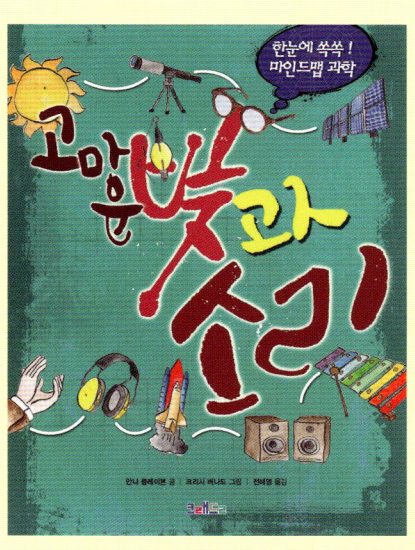
〈고마운 빛과 소리〉

크래들